01/107

LE

SALARIAT

ET L'ASSOCIATION

IMPRIMERIE L. TOINON ET C°, A SAINT-GERMAIN.

CONFÉRENCES POPULAIRES
FAITES A L'ASILE IMPÉRIAL DE VINCENNES
SOUS LE PATRONAGE
DE S. M. L'IMPÉRATRICE

LE
SALARIAT
ET L'ASSOCIATION

PAR

H. BAUDRILLART

Membre de l'Institut, Professeur au Collége de France
et à l'Association Polytechnique.

PARIS
LIBRAIRIE DE L. HACHETTE ET Cie
BOULEVARD SAINT-GERMAIN, N° 77

1867

LE

SALARIAT

ET L'ASSOCIATION

MESSIEURS,

La grandeur de l'industrie, attestée sous nos yeux par de brillantes merveilles, ne doit pas détourner notre pensée du sort des modestes travailleurs, dont les mains intelligentes ont contribué à jeter dans la société tant de richesses nouvelles. La civilisation ne vaut pas seulement par l'éclat de ses manifestations extérieures ; elle vaut surtout par la moralité et le bien-être de ceux qui vivent d'une vie obscure et qui forment le gros de son armée. C'est ce qui explique qu'au moment même où l'Exposition universelle atti-

rait le monde entier à ses splendides exhi-
bitions, le Corps législatif discutait le projet
de loi sur les sociétés coopératives, émané
de l'initiative du gouvernement. C'est ce qui
explique encore, sans sortir même de cette
Exposition, où tout est représenté, qu'on remarque, à côté des reproductions des tem-
ples et des palais, monuments des âges écou-
lés, de plus humbles maisons consacrées au
travail et à la famille; je parle des spécimens
de ces *cités ouvrières*, qui montrent la sollici-
tude de la société moderne pour l'ouvrier de
l'industrie. Un groupe spécial était même
consacré, sous la présidence de l'Empereur,
aux moyens d'amélioration du sort des travailleurs; et un grand prix qui, récemment
se partageait entre plusieurs lauréats, était
institué pour récompenser les plus heureux
efforts dirigés dans ce sens.

Ainsi, il est vrai de le dire à l'honneur de
notre temps, il ne sépare pas ce qui doit rester
uni, l'intérêt porté aux résultats du travail et
celui qui s'adresse aux travailleurs eux-mêmes. Il ne fait pas de la puissance de l'esprit
humain, s'exerçant sur la matière, un pur
instrument de raffinement pour les besoins
et les fantaisies de quelques hommes opu-

lents ; il s'efforce d'en tirer ces sources abondantes qui, inégalement sans doute, mais avec une libéralité toujours croissante, se répandent dans tous les rangs, et font goûter au travail honnête ces jouissances du bien-être où il trouve sa récompense légitime et son plus sûr aiguillon.

Aussi entend-on parler de tous côtés des arrangements économiques, qui, dans ses relations avec le capital, peuvent le plus profiter à la classe ouvrière. C'est le thème adopté par une foule d'écrivains. Allons plus loin : on doit reconnaître que jamais rien de pareil ne s'était vu dans le monde. Qu'on prenne telle époque de l'histoire qu'on voudra, je m'en porte garant devant vous, rien de semblable ne s'y rencontre. La préoccupation, devenue générale, de la condition des travailleurs, occupant à ce degré les penseurs, les gouvernements, les particuliers, est un fait, sachez-le, qui caractérise notre siècle entre tous, qui ne le distingue pas moins, au point de vue social, que, dans l'ordre des choses matérielles, les chemins de fer et les télégraphes électriques. L'attention, non contente de se porter vers tel perfectionnement, embrasse dans son ensemble et scrute dans son fonds le plus intime le problème du travail. Elle s'est attachée non-seulement au degré de rémunération, mais à ses modes. Un mot nouveau a retenti, celui d'*association*. Le *salariat* a été mis en cause. Il s'est déployé, dans cette controverse qui dure encore, beaucoup de talent et beaucoup de passion. On commence aujourd'hui à y voir plus clair. La discussion, et déjà une certaine part d'expérience, ont fait justice des exagérations en sens contraire. Comment nier encore la possibilité et les bienfaits de l'association lorsqu'elle nous présente plusieurs témoignages incontestables de sa vitalité ? Comment ne pas reconnaître aussi qu'elle a ses difficultés en face de plus d'un échec ? D'un autre côté, est-il vrai que le salariat soit en lui-même une forme de rétribution du travail désormais condamnée ? N'a-t-elle pas de place marquée dans le monde économique ? N'est-elle pas susceptible d'y recevoir encore des améliorations ? C'est cette voix impartiale, impartiale, dis-je, et non pas indifférente, que je voudrais vous faire entendre aujourd'hui. Je voudrais, dans un esprit d'équité, comparer le salariat et l'association, de telle façon que le vif intérêt que je porte à l'une ne me ren-

, dît pas injuste pour l'autre, confiant à la
fois dans le·progrès auquel je crois réservée
la classe ouvrière, et attentif à démêler tout
ce qui serait de nature à l'égarer. Je ne viens
pas décrire telle ou telle forme en vigueur
de l'association, vous entretenir de l'état ac-
tuel des sociétés coopératives. Je me propose
de remonter aux principes mêmes de la question. Ce sont moins des faits que je raconterai
que des règles que je rappellerai. C'est là toujours en effet qu'il faut en revenir. On a trop
souvent entraîné les populations laborieuses
avec des mots séduisants. Il est temps de
leur faire entendre le langage des idées justes, les enseignements virils de la vérité qui
fortifie et qui féconde. Savoir les écouter et
en profiter, est le signe le plus sûr que ces
populations ont atteint l'âge de maturité et
sont prêtes pour des destinées meilleures,
inséparables du triple progrès moral, intellectuel et matériel:
La thèse que je vais développer est celle-
ci : c'est que le salariat et l'association, loin
d'être appelés à se supplanter l'un l'autre,
non-seulement peuvent, mais doivent subsister à côté l'un de l'autre pour le bien-être et
l'avancement de la classe ouvrière. Cela me,

1.

conduit à examiner chacune de ces formes, à
en peser les inconvénients et les avantages.
Parlons d'abord du salariat.

I

On a prétendu que le *salariat* se confondait
avec le *prolétariat*, c'est-à-dire avec la misère
permanente, sévissant contre une classe sacrifiée, destinée en quelque sorte à pulluler,
car c'est le sens qu'exprime le mot *proléta-*
riat venant du latin *proles*; il répond à une
époque où le travail n'était guère en effet représenté que par des esclaves et des prolé-
taires. Or, je n'ai pas besoin de vous le dire :
nous ne voulons pas de prolétariat. Nous ne
voulons pas de classe qui, systématiquement
et à jamais, serait vouée à l'ignorance et au
paupérisme. Le paupérisme, nous lui avons
déclaré une guerre à mort. Heureusement le
salariat n'implique rien de tel. D'abord pourquoi faire du salariat le synonyme de bas salaires, insuffisants à faire vivre le travailleur
et sa famille ? N'y a-t-il pas aussi des salaires

suffisants et même des salaires élevés ? Or, je
suis de ceux qui croient que le salaire, cette
part du travail, doit aller s'élevant avec le
développement de la richesse générale et le
développement particulier de l'ouvrier; de
mieux en mieux mis à l'abri du besoin, de
plus en plus rapproché des classes aisées par
l'instruction, l'épargne, la participation au
capital. Mais considérons en lui-même l'état
des salariés; pénétrons dans la nature intime
du salaire et voyons si, en dépit des asser-
tions contraires, ce n'est pas 1° un mode de
rétribution légitime et rationnel, présentant
des avantages réels pour le travailleur; 2° un
état honorable et digne pour la classe salá-
riée; 3° une condition très-compatible avec
la liberté et avec les progrès de l'aisance. Joi-
gnez à cela—et c'est une remarque préalable
qui a ici une grande importance — que le salariat n'exclut aucune des formes si variées
que l'association présente en dehors des sociétés de production, qu'il laisse subsister les
sociétés de consommation, de crédit mutuel,
les diverses banques populaires, les sociétés
de secours, les assurances, c'est-à-dire la partie de l'association, qui, jusqu'à présent,
a de beaucoup pris le plus de développement.

Et d'abord, qu'est-ce que le salaire? Lais-
sez-moi appeler votre pensée sur cette espèce
de combinaison à laquelle vous n'avez peut-
être jamais réfléchi ; car c'est une juste remarque que ce sont souvent les faits les plus
familiers qui nous sont le plus inconnus.
Depuis des siècles l'humanité respire, digère,
marche, voit, entend, imagine, pense, et ce
n'est que bien tard qu'on s'est demandé
compte de toutes ces opérations. Encore
n'est-ce qu'une minorité qui s'interroge sur
le secret de l'organisation et surtout qui con-
sacre beaucoup de temps à le pénétrer. De
même vous vivez ici pour la plupart de salaires. Vous êtes-vous bien pourtant demandé ce que c'est que le salaire, quelle en
est l'origine, pourquoi on a eu recours à
cette forme de rétribution?

Pour vous l'expliquer, je vous placerai
dans une supposition qui se réalise tous les
jours, celle d'une entreprise à mener à fin,
soit, par exemple, une maison à bâtir. Eh
bien ! imaginons que ces combinaisons aujourd'hui nommées salaire de l'ouvrier, profits, bénéfices du capitaliste et de l'entrepreneur, ne soient pas connues. Supposons
aussi que, parmi les hommes qui ont à bâtir

cette maison, les uns ont des instruments de
travail et des avances pour vivre pendant
que la maison s'élèvera, tandis que les autres
n'en ont pas ou en ont trop peu pour attendre. Que va-t-il se passer? Les uns, ayant
plus d'aisance, courront le risque de l'entreprise. Peut-être les ruinera-t-elle; peut-être
aussi qu'elle les enrichira; peut-être, enfin,
hypothèse plus probable, elle leur rappor-
tera un profit modéré de leurs peines, de
leurs avances et de leurs risques. Mais ceux
qui n'ont pas d'avances pour vivre en atten-
dant, et moins encore assez de capital pour
pouvoir supporter une perte qu'entraînerait
l'entreprise, que croyez-vous qu'ils fassent?
Voici l'expédient que leur suggérera à eux-
mêmes la nature des choses. « Nous ne pou-
vons, diront-ils, attendre sans gagner; nous
n'avons que notre travail; eh bien! nous re-
noncerons à tout bénéfice ultérieur, à condition de ne courir aucun risque; assurez-nous,
vous qui avez un capital, une rétribution fixe,
indépendante des succès ou des revers. Peut-
être; sur cette rémunération, trouverons-
nous aussi à nous former un petit capital, et
alors nous verrons à faire comme vous. Mais,
que cela arrive ou non, nous aurons vécu! »

Cette combinaison n'est-elle pas légitime
et rationnelle? qui pourrait en douter? Nie-
ra-t on qu'elle ne soit relativement avanta-
geuse pour l'ouvrier? N'est-ce pas la sécurité qu'elle lui procure, c'est-à-dire le plus
grand des biens? Y a-t-il rien à mettre au-
dessus de cette considération d'avoir sur
quoi compter, soi et sa famille? Les capitalistes eux-mêmes, que nous venons de
voir courir certains risques, ne s'assureront-
ils pas eux-mêmes contre les mauvaises chances, soit en plaçant une partie de leur avoir à
un taux d'intérêt bas, mais solidement ga-
ranti, soit en payant une prime dans quelque compagnie d'assurance? Tant la sécurité
est le premier des besoins! tant il est dans
la nature humaine de fuir l'aléatoire ou du
moins de ne lui abandonner qu'une part!
On a observé avec vérité que c'est la princi-
pale raison qui fait rechercher les fonctions
publiques, même les plus modestes et les plus
médiocrement rétribuées. On se dit qu'on
n'aura plus à se préoccuper de l'avenir;
on renonce à faire fortune comme le com-
merçant, pour n'avoir pas ses soucis et ses
inquiétudes.

Ainsi voilà un point acquis : la combinai-

son dont il s'agit est *bienfaisante*, puisqu'elle
résulte du mutuel consentement des deux
parties, qu'elle n'en lèse aucune, et qu'elle
profite à la plus pauvre. Il faut bien qu'il
en soit ainsi, puisque ces plus pauvres se
sont rarement associés, même quand à la
rigueur ils l'auraient pu en mettant en com-
mun quelques avances. Ils l'ont fait quelquefois pourtant. Ainsi il existe encore aujourd'hui des associations de pêcheurs. Ils ne
deviennent jamais riches et tombent quelquefois dans un extrême dénûment. Un
bon salaire, même un salaire moyen, vaut
mieux que cette association misérable qui
court tous les risques imaginables, excepté
celui de faire fortune.

Passons à notre seconde proposition, à savoir que le salaire auquel on a voulu atta-
cher je ne sais quelles idées étranges de dé-
gradation, est parfaitement *digne* et *honora-*
ble pour la classe salariée. Connaissez-vous rien
de plus noble, de plus admirable, quand on y
pense, que ce mot du pauvre ouvrier qui re-
vient chez lui fatigué le soir, que ce mot : « J'ai
gagné ma journée! » c'est-à-dire : à la sueur
de mon front, j'ai mérité ce pain quotidien
qui ne s'obtient que par l'effort ; j'ai vaincu

ma paresse et résisté aux appels des grossiers instincts. Par là je me sens libre et fier, et si je puis reconnaître bien des supérieurs en génie, en instruction, en fortune, je n'en reconnais pas en dignité ! » Voilà tout ce que renferment ces modestes paroles qui, j'avais raison de le dire, atteignent dans leur simplicité presque jusqu'au sublime, puisqu'il n'y a que l'homme qui les prononce, et ce qu'il y a de plus beau, l'homme se conformant, par un libre acquiescement de sa volonté, à la grande loi du travail !

Mais, dira-t-on, ce que vous décrivez là, c'est le *salaire*, ce n'est point le *salariat*. Le salariat, c'est la condition de toute la classe qui, privée de l'indépendance qu'assure le capital, est aux gages d'un entrepreneur, d'un patron. On pourrait contester cette désignation, et étendre cette expression de salariat à toute la catégorie d'hommes qui reçoivent de leur travail une rétribution. Le salaire, a-t-on dit, c'est la part du travail quel qu'il soit. En ce sens les fonctionnaires sont des salariés. Les plus élevés comme les plus infimes touchent des salaires. C'était l'avis de Mirabeau faisant du roi lui-même le premier des salariés, et en dehors du sa-

laire ne voyant qué le vol comme moyen
d'existence. Mais admettons que cette expression ne s'applique pas en toute rigueur au
traitement fixe de ces employés qui n'ont
pour maître que l'Etat, et qui ne sont pas
au même degré soumis aux lois de la concurrence. Il est impossible du moins de ne pas
considérer comme vivant exclusivement sous
ce régime, la plupart des professions nommées libérales qui louent leur travail et leurs
services à autrui, et qui reçoivent une rétribution plus ou moins mobile et discutée,
établie de gré à gré par les deux parties con-
tractantes, quand même la coutume y aurait
autant de part que le débat. Les avocats, les médecins, les professeurs libres, les
journalistes rentrent dans cette catégorie,
tout comme les commis d'une grande maison de commerce. Je ne vois pas de raison
valable pour n'y pas mettre les notaires, les
avoués, et autres officiers publics qui reçoivent tel prix de tel service déterminé. L'ha-
bitude a prévalu, je le sais, de désigner ces
rémunérations sous des noms plus pompeux
en apparence, mais qui ne sauraient déguiser
l'identité du fait dont il s'agit. Réduisez ces
services à leur vrai caractère : vous les ra-

mèneréz sans peine à n'être que des travaux
rémunérés soit à la tâche, soit à la journée.
Ce qui diffère, c'est bien plus la nature du
travail que le mode de rétribution. Quant à
la dépendance, tous sont entre les mains de
leurs clients et exposés aux chances de la
concurrence. S'il y a quelquefois deux ouvriers pour une tâche, n'arrive-t-il pas assez
fréquemment qu'il y ait aussi deux médecins pour un malade et deux avocats pour
un plaideur? Ouvrier, on peut être congédié.
Médecin, avocat, professeur, journaliste, on
peut être *remercié* par ceux qui payent,
c'est-à-dire écarté plus ou moins poliment.
Croyez-vous que la nuance qui sépare ces
deux mots 'ait au fond beaucoup plus d'importance que celle qui distingue les salaires
des *émoluments* et des *appointements* auxquels il a plu d'attribuer une sorte de no-
blesse particulière?

On pouvait tenir à toutes ces nuances de
langage, quand le travail manuel dans les
classes les plus nombreuses, quand l'industrie
et le commerce, dans les régions aisées de la
société, étaient l'objet des hautains mépris de
ceux qui vivaient des fonctions publiques ou
des professions savantes. De tels préjugés dé-

rivaient de l'antiquité païenne, c'est-à-dire d'une époque où le travail appliqué à l'exploitation de la matière, était entre les mains de l'esclavage. Aujourd'hui, sous l'influence du christianisme, le travail a été réhabilité à tous ses degrés en même temps qu'il a reçu partout ses lettres d'affranchissement. La honte s'est reportée tout entière sur l'oisiveté habituelle qui refuse de payer sa dette à la société. La dignité du travail sous toutes ses formes, aussi bien que la solidarité qui unit tous les travaux, est le dogme fondamental de l'économie politique et de la civilisation. L'union de toutes les parties du travail, la solidarité qui les fait concourir à un même but, par conséquent l'estime accordée à toutes les fonctions et à tous les grades dans cette grande armée, oui, Messieurs, voilà ce que vous enseigne l'économie politique : et sans être initiés à ses mystères, ne le comprenez-vous aisément ? Que devient le travail matériel, privé des lumières du travail de l'intelligence? il manque de direction et de règle, aussi bien que de fécondité. Et, sans le labeur manuel, les travailleurs de l'esprit, que deviendront-ils? Où seront et le loisir et l'aisance nécessaires à l'exercice de la pensée.

à la culture de la science? Participants d'une
même œuvre, qui ne pourra, sous peine d'in-
succès et même de mort, se passer les uns des
autres, comment donc ne songeriez-vous
qu'à vous renvoyer de mutuels dédains?
Nous ne sommes plus au temps où l'épée
méprisait la robe, où la robe méprisait
la charrue, où la charrue et l'industrie
se méprisaient l'une l'autre, où les professions s'adressaient le reproche, les unes
d'être grossières et viles, les autres d'être oi-
seuses et inutiles. Sous l'empire de la divi-
sion du travail entre les membres de la société, non-seulement dans une nation, mais
d'un bout du monde à l'autre, tous les
travailleurs ne forment plus qu'une vaste
famille, où chacun s'honore de la tâche qui
lui est échue, et des liens que rien désormais
ne peut rompre d'une glorieuse fraternité!

Laissons donc pour ce qu'elles valent ces
distinctions qu'on voudrait rendre mépri-
santes, et, malgré quelques jurisconsultes
qui y tiennent, admettons que la désignation
de salaire ne le cède à aucune autre en
dignité.

Enfin, j'ai affirmé en troisième lieu, que
le salariat — cette forme qu'encore une fois

je ne loue pas pour lui sacrifier l'association,
mais que je défends contre des attaques injus-
tes — n'avait rien qui ne fût conciliable
d'une part avec la *liberté;* d'autre part avec
les *progrès de l'aisance.*

Le salariat est-il. contraire à la *liberté?*
Est-il, comme on l'a prétendu, synonyme
de *tyrannie* et d'*oppression?* Offre-t-il la
moindre analogie avec l'esclavage et le servage auxquels on l'a comparé? Quoi! l'ouvrier libre, responsable, comparé à l'esclave!
Qu'est-ce donc que l'esclave? Écoutez, et
dites si entre vous et ce portrait vous recon-
naissez l'analogie injurieuse qu'on prétend établir? L'esclave, ce n'est même pas
un homme, mais une chose, un animal
qui mange, mais qui ne touche pas de salaire et qui n'épargne pas le pain de sa-
vieillesse, qui se reproduit, mais qui n'a pas
de famille, car les noms d'époux et de père
ne sont pas faits pour la brute, que l'on bat,
s'il se relâche ou se révolte, qu'on empri-
sonne, qu'on met à mort, mais qui n'a
aucun recours devant la justice; car il est
hors la loi de l'humanité, et c'est cela même
qui le constitue esclave à perpétuité, dans sa
personne et dans sa progéniture. Et c'est à

cet être abject, ou qu'on s'est efforcé de rendre tel, éternellement rivé à sa chaîne, qu'on vient comparer l'ouvrier en possession de tous les droits de l'homme et du citoyen, l'ouvrier pouvant quitter son patron pour aller ailleurs, quitter même son état pour en prendre un autre, quitter sa localité, son pays, pour se rendre où le salaire plus élevé appelle les bras, l'ouvrier père, mari, capable d'arriver à la propriété par l'épargne. Eh bien! soit, s'écrient quelques-uns, esclave, c'est trop dire, disons serf. Donc, ici encore je demande : qu'est-ce qu'un serf? Un homme, sans doute, ce qui est une immense conquête, un homme, c'est-à-dire un être reconnu capable de droits, mais mutilé dans l'usage de sa liberté, fixé à la glèbe, capable de s'élever jusqu'à avoir une famille, mais non sans restrictions humiliantes, soumis à l'arbitraire du seigneur, et en échange de la corvée, recevant moins un salaire qu'une *ration*. On le soigne, dit-on, quand il est malade, par la même raison qu'on soigne le cheval et le bœuf de labour. On ajoute qu'il n'a pas de souci du lendemain. Et c'est là ce qu'on nous présenterait comme digne d'envie. Mais non, mille

fois non, il n'est pas vrai que l'esclave et
le serf soient en aucune façon plus heureux
que l'ouvrier. Est-ce que la pensée du lendemain n'est pas notre dignité et notre force ?
Est ce que sans elle le mot de progrès peut
avoir aucun sens ? C'est le souci de l'avenir
qui a fait sortir de la misère originelle, com-
mune à tous, tant de millions de créatures
humaines. Le bien-être, le bonheur même
qui est si fort au-dessus, n'est pas tout.
Est-ce que nous ne serions pas tous prêts à
répudier le bonheur qui ne serait obtenu
que par l'immolation de notre liberté, de
notre honneur, de notre personne, de ce
qui nous donne du prix à nos yeux et aux
yeux des autres ? Apprenons à mettre au-
dessus de tout, ces biens impalpables et in-
visibles, et pourtant sensibles et certains,
dont les satisfactions grossières des appétits
matériels ne sauraient compenser le sacri-
fice. Il n'y a pas de compensation possible,
vous le savez bien, pour qui, étant homme,
abdique pour se faire brute.

Le salaire, ce prix du travail manuel,
rappelle si peu l'esclavage et le servage, que
dans les rapports du travail et du capital, il représente la première apparition de la liberté.

Mais je ne veux pas fuir devant ces objec-
tions qui viennent non plus seulement cette
fois de personnes parlant en votre nom, mais
de vous-mêmes et qui sortent pour ainsi dire
des difficultés de votre situation. On dit, ou
plutôt vous-mêmes vous dites bien souvent
que dans les stipulations avec le capital, le
salarié est placé dans une condition infé-
rieure, parce qu'il ne peut pas toujours attendre, et qu'il est souvent moins en état d'im-
poser la loi que de la subir. Eh bien ! je
vous demanderai si cela tient au mode de
rétribution, au salariat? Non, cela tient à ce
que l'ouvrier n'a pas encore pu ou su toujours
se constituer une épargne. Le salaire ne crée
pas cette situation, il en atténue les inconvénients, puisqu'il représente une sorte de
prime sur les bénéfices éventuels de l'entreprise. Quant à cette infériorité du travailleur vis-à-vis du capitaliste, je ne la nierai
pas en général, mais je ferai observer qu'elle
a de nombreux et puissants correctifs. Combien de fois aussi le capital ne saurait attendre! Combien de fois, pressé par les com-
mandes, ayant à faire face aux risques, forcé
de subvenir à l'intérêt de ses avances, l'entrepreneur ne trouvera-t-il pas son arrêt de mort

dans les refus prolongés du travail? Tout au
moins peut-il en éprouver de cruelles attein-
tes et de terribles ébranlements. Le prix du
travail se règle comme celui d'une marchandise, selon la quantité qui s'offre et selon la
qualité. Cette loi agit-elle exclusivement en
faveur des entrepreneurs? Il serait inexact et
injuste de le prétendre, et plus on étudie la
manière dont les choses se passent, plus on
voit que le travail et le capital ont un besoin
l'un de l'autre extrêmement impérieux. Ils
ne sauraient agir isolément. La charrue
n'agit pas plus sans le laboureur, que le laboureur sans la charrue.

Ainsi, accusez même plus que de raison,
la part d'infériorité du travail, cette infériorité ne dépend pas du salariat. Elle signifie
seulement qu'il y a un avantage à posséder
un capital, avantage justifié, puisque le capital représente à la fois du travail et de l'é-
pargne. C'est justement parce qu'il y a un
avantage que le travailleur est excité à dé-
ployer toute son énergie et toute sa prévoyance. Si tous étaient exactement au même
niveau, personne ne ferait d'effort. Il faut
diminuer les inégalités. Soit. Tout ce qui,
sans faire violence à la liberté des transac-

tions, peut produire cet effet, aura le vif assentiment de tout ami du progrès. L'élé-vation du sort des _travailleurs marque le vrai niveau de l'avancement des sociétés. Nous ne l'oublions pas dans ces réflexions.

Ce serait ici le lieu de remarquer que le salariat n'est pour un certain nombre de tra-vailleurs qu'un simple état de passage ; ainsi pour les domestiques en général, par exemple, et pour une foule d'ouvriers agricoles. Pour d'autres, il n'est qu'un supplément de res-sources ; ainsi pour ces petits propriétaires de la Creuse, qui viennent à Paris s'engager comme maçons, ou pour ces petits cul-tivateurs qui, en Suisse, consacrent une part de leur temps au travail de l'horloge-rie. Mais laissons ces faits, prenons le sa-lariat comme état permanent d'une certaine partie de la population. Oublions que les bourgeois capitalistes d'aujourd'hui sont des ouvriers de la veille dont l'épargne a fourni les premiers fonds. Dans cette classe des sa-lariés, deux choses sont visibles : — premiè-rement, toute une catégorie de salaires s'é-lève au-dessus de ce que gagnent certains fonctionnaires. Tel ouvrier artiste, tel tra-vailleur habile, tel commis gagne plus sen-

siblement qu'un sous-officier ou qu'un offi-
cier, lieutenant ou capitaine, dans une arme
quelconque, qu'un sous-chef dans un minis-
tère, et que tel médecin ou tel avocat, qui
n'est pas pourtant placé au dernier rang de
sa profession : secondement, pour les salaires ordinaires, le taux s'est élevé, et il tend,
nous l'avons dit, à s'élever avec le progrès
intellectuel et moral de l'ouvrier, avec les
développements de l'industrie et de la richesse nationale. Ce mouvement s'est for-
tement accusé dans la plupart des industries, et il a dépassé l'accroissement du prix
des logements et de plusieurs des denrées
utiles à la vie. Tous les économistes sont
d'accord que proportionnellement la part
du travail s'est accrue plus que celle du capital. Il y a des misères. Hélas ! nous le sa-
vons bien. On supprimerait le salariat qu'on
ne les supprimerait pas, on ne ferait même
que les aggraver dans une foule de cas, en
exposant l'ouvrier à de mauvaises chances de
plus. L'important donc n'est pas d'en finir,
comme on le dit, avec cette forme de rémunération qui a, nous l'avons prouvé, ses
raisons d'être, et qui sert de base aux dé-
penses du ménage, avantage que n'offrent

pas des combinaisons plus aléatoires. L'important est de tendre à l'élévation constante
de cette rétribution.

Une dernière considération relative au
salariat, avant de passer à l'association. J'ai
dit qu'il favorisait, malgré ses inégalités et
ses crises; la stabilité des situations; j'ajoute
qu'il 'favorise aussi le sentiment de l'indépendance individuelle. Ici encore c'est à vous-
mêmes, c'est à vos sentiments intimes que je
veux faire appel. Vous allez vous convain-
cre que je rends pleine justice à l'association, que j'ai pour elle toute la sympathie
qui me paraît compatible avec la raison.
Mais me démentirez-vous si j'affirme que
toutes les natures ne sont pas également dis-
posées à s'engager dans les liens de l'association coopérative. Beaucoup d'hommes
préfèrent rester libres de leurs mouvements.
Ils aiment mieux pouvoir, au gré de leurs
intérêts et de leurs désirs, changer d'entrepreneur, que de s'enchaîner à une association qui les prend tout entiers, et dont il est
difficile et peut-être dangereux de sortir, une
certaine constance étant un des éléments
principaux du succès. Ce qu'on dit de la
dépendance d'un patron n'offre rien d'ab-

solu et n'a rien d'exceptionnel en tout cas ;
car c'est la condition générale que plus ou
moins nous dépendions de nos chefs et de
ceux qui nous emploient. Mais cette dépendance à laquelle on échappe par le
changement de maître, souvent même un
peu trop à la légère, est peu de chose auprès
de la responsabilité qui nous lie à une foule
de coassociés et à la direction d'un gérant,
souvent au prix de bien des sacrifices.

En résumé, le salariat n'est pas une de
ces institutions factices et temporaires dont
on se défasse au premier caprice. L'association peut le compléter, créer à côté de lui
une nouvelle forme et un nouveau mode de
rétribution ; elle ne le remplacera point. Ce
n'est pas seulement la diversité des natures
qui s'y oppose, c'est la diversité des industries et des travaux, dont un certain nombre
paraît absolument incompatible avec l'association. Et qui ne voit d'abord que la grande
industrie avec ses fortes exigences de capital, d'agglomération, d'unité, s'y prête infiniment moins que la petite ? Et les bois, et
la vigne, et la plupart des cultures ! Est-ce
matière d'association bien facile ou même
le plus souvent possible ? Je ne veux pas en-

2.

tamer de tels sujets. Qu'il nous suffise, dans
cette première partie, d'avoir fait entendre
quelques vérités utiles. Nous n'avons rien
exclu. Nous n'avons pas mis de bornes aux
justes espérances des classes ouvrières, à
leurs aspirations vers le mieux. Surtout nous
n'avons proposé aucune entrave à leur liberté. Entre deux forces , qu'elles fassent
leur choix. Nous ne leur imposons aucune
solution. Nous leur proposons sincèrement
ce qui nous apparaît comme la vérité. Or,
il arrive le plus souvent que la vérité est
plus large et plus variée que tous nos sys-
tèmes. L'uniformité n'est pas toujours un
bon signe pour une doctrine. Où nous ne
supposons qu'un seul moule, qu'un seul
type, la nature en a mis plusieurs. Pourquoi n'en serait-il pas ainsi pour les combinaisons qui s'appliquent au travail et au
bien-être?

II

C'est maintenant l'association que je voudrais faire comparaître devant vous. Mais

quelle association? L'association présente
en effet bien des formes éminemment salu-
taires et profitables, pourvu qu'elles soient
employées à propos et maniées avec pru-
dence. Il est clair que dans une comparaison
avec le salariat, il ne saurait être question
que de l'association en vue de produire, de
celle qui, identifiant le capital et le travail
dans les mêmes mains, a pour but de sup-
primer le patron et de convertir le salaire en
bénéfices, dans le cas où l'entreprise réussit
suffisamment, car dans le cas contraire il est
trop évident que c'est la ruine.

L'association dont je me propose de vous
entretenir en ce moment est donc l'association en vue de produire et non en vue de
consommer ou de se procurer du crédit.
Nous avions tout à l'heure devant nous des
ouvriers acceptant ou même désirant le salaire comme plus sûr qu'une participation à
des bénéfices éventuels. Nous avons maintenant des producteurs individuellement peu
aisés, ayant peu d'avances, et renonçant à
cette prime fixe pour courir les risques de
l'entreprise.

Voyons d'abord les bons et beaux côtés de
cette nouvelle organisation.

Le premier côté qui frappe, c'est qu'elle fait appel au plus honorable, au plus énergique, au plus fécond des sentiments, celui de la *responsabilité*. C'est là le sentiment qui fortifie et qui moralise, et qui, puissamment mis en jeu, peut enfanter des prodiges. Dans le salariat, pourvu que l'ouvrier livre une assez bonne moyenne de travail, on ne lui en demande pas davantage. Lui-même ne se sent pas assez intéressé au succès final de l'entreprise pour donner généralement beaucoup plus. Ici il joue le tout pour le tout. Le désir d'un bénéfice supérieur, la crainte d'une ruine totale, peuvent communiquer à ses efforts une énergie remarquable, à son intelligence un mouvement heureux, à sa prévoyance, à son empire sur ses passions, sur ses goûts de dépense un degré de vigueur inconnu. De plus, chacun sera intéressé à ce que tous fassent leur devoir. De là une surveillance réciproque, très-attentive et fort sévère. Dans une telle ruche, tout oisif est réellement un voleur; tout individu dissipé est un perturbateur. L'association peut donc devenir une école mutuelle de bonnes mœurs et d'efforts intelligents. C'est l'émulation, c'est la concurrence transportée en ce qu'elle a de meilleur au sein d'un groupe laborieux.

Et qu'on ne dise pas que ceci est un pur tableau de fantaisie. La vérité de ces remarques a pour garant ce qui s'est passé dans plusieurs associations. On y a vu le bon devenir meilleur, l'ouvrier médiocrement sage et laborieux, gagner au contact des autres travailleurs. Plusieurs associations en Angleterre, en France, ont présenté ce spectacle. Voulez-vous inspirer à l'homme les résolutions fortes et les efforts fructueux ? Intéressez-le à sa propre destinée Le salaire le fait, c'est incontestable ; le travail à la tâche y réussit mieux encore que le travail à la journée ; mais l'association convenablement pratiquée n'y parvient-elle pas mieux encore ? Le soldat qui ne répond que de lui-même peut faiblir, mais le soldat qui répond des autres faiblit-il ? Ne sera-t-il pas enfin d'autant plus courageux que l'espoir de l'avancement brille davantage à ses yeux ?

Il y a donc dans l'association, qu'elle porte ou non la dénomination de société coopérative, un mélange d'intérêt personnel et de point d'honneur, et une police des travailleurs les uns par les autres, qui sont en certains cas des sources de succès. L'individu en est à la fois plus solidement trempé et mieux discipliné. Moralement la combinaison a ses avantages. Économiquement, elle peut en offrir qui découleront de ceux-là.

Et maintenant, je répète pourtant une question de tout à l'heure, non pour vous détourner, mais pour vous faire réfléchir : Tous, vous sentez-vous. aptes à cet assujettissement d'un nouveau genre? Tous, êtes-vous prêts à accepter cette surcharge d'efforts et de devoirs? Tous, êtes-vous d'humeur à faire et à accepter cette surveillance de vos mœurs? Pas un partisan. éclairé de l'association qui aujourd'hui surtout ne le reconnaisse; car s'il y a eu des expériences favorables, il y en a eu plus encore de fâcheuses ; pas un partisan, dis-je, éclairé et sincère de cette forme de travail qui ne le reconnaisse et ne le proclame hautement : pour assurer le succès de l'association, il faut des hommes d'élite.

Voilà une première et sérieuse difficulté, convenez-en. Je dis difficulté, et non impossibilité. Mais enfin il est bon de savoir au juste à quoi on s'engage, et qui donc vous le dirait, si ce n'est nous, hommes d'impartialité et de bon vouloir, placés en dehors de

la sphère où s'agitent les passions politiques, nous qui tenons, parfaitement désin-
téressés, la balance de la raison et de la justice telle que la science nous la présente,
nous qui ne voulons ni vous irriter, ni vous
flatter, mais vous servir?

Un autre point délicat, ah! ici, je suis
sûr que votre bon sens ne me démentira
pas, c'est l'unité de direction, sans laquelle
nulle entreprise n'est viable. Ce qui fait l'a-
vantage des entreprises ordinaires, c'est que
le chef qui les conduit a seul la responsabilité de l'affaire à laquelle il a voué sa vie. Il
en est seul directeur et seul maître. L'intérêt à réussir est pour lui immense. For-
tuné ou ruine, comprenez ceci, voilà l'al-
ternative. Si l'intérêt des travailleurs-asso-
ciés est grand aussi, pourtant il est collectif, et tout ce qui est partagé risque de s'affai-
blir. Comment gouvernera-t-on l'entreprise?
Est-ce à la majorité des voix qu'on prendra
chaque résolution? Quel germe d'anarchie
et de dissolution ! Quelles cabales ne mena-
ceront pas l'association ! Quel murmure de
la minorité étant ou se disant sacrifiée! Nom-
mera-t-on un gérant? Ce sera d'ordinaire le
meilleur parti. Mais n'est-ce pas un nouveau

maître qu'on se sera donné? Si on limite trop
ses pouvoirs, si on veut trop le contrôler, ne
le réduit-on pas à l'impuissance d'agir? On
frappe d'une indécision mortelle la conduite
de l'entreprise qui exige à la fois de la pru-
dence et une sage hardiesse. Enfin les qua-
lités qui font le bon travailleur sont-elles les
mêmes qui constituent le négociant habile,
entendu, se tenant au courant des besoins,
sachant même quelquefois les devancer et les
éveiller, et conduisant sa barque au milieu
d'une foule d'écueils?

Disons tout, Messieurs, l'association des ouvriers ne remédie pas aux crises industrielles ;
la baisse des salaires, pour devenir la baisse
des bénéfices, n'y prend pas un caractère
plus adouci ; c'est même le contraire qui a
lieu ; car l'entrepreneur, le plus souvent, est
mieux en état de supporter d'assez grandes
pertes. Telle n'est pas la condition de travailleurs, ne possédant d'ordinaire que de
faibles capitaux. Est-ce la concurrence que,
fort à tort, selon nous, on prétend détruire,
ou beaucoup atténuer? Eh bien ! c'est là une
erreur. La concurrence subsistera plus âpre
peut-être entre les diverses associations. Si
on veut y obvier par une association plus

générale qui embrasse les associations parti-
culières, on tombe dans un état plus ou
moins voisin du communisme qui réunit
tous les inconvénients. On marche ainsi entre des abîmes.

C'est là le revers de la médaille. C'est là le
danger, à côté des avantages que j'ai signa-
lés, et de ceux que j'indiquerai encore. Il
ne faut pas se lasser de répéter que dans les
industries qui comportent la coopération, et
quand elle se compose d'éléments heureusement choisis, elle se recommande à divers
points de vue. Elle tire l'individu de l'isole-
ment excessif où il se trouve trop souvent.
Elle forme des groupes moyens de producteurs, à côté des grandes agglomérations
d'ouvriers issues exclusivement de la puissance de capital. Les sociétés ouvrières peuvent même servir de contrôle au taux des
profits et des salaires, dont elles indiquent
le niveau. Les associations emploient aussi
des auxiliaires salariés qui font voir qu'elles
ne sont pas aussi radicales qu'on veut bien
le dire, et ces auxiliaires, elles leur attri-
buent en général la plus haute paie que
comporte l'état du marché. Enfin, de tels
groupes, à mesure qu'ils se forment, sont

autant de foyers d'attraction et d'imitation.
La moyenne de la population laborieuse ne
saurait qu'y gagner. Après une période d'en-
gouement, quelques écrivains paraissent
réagir aujourd'hui contre l'extension du
mouvement coopératif. C'est à tort. On peut
lui crier : « Courage! » sans craindre qu'en
somme l'expérience inflige des démentis trop
complets à ce mouvement né dans les classes
ouvrières ; il veut être éclairé ; il ne saurait
être supprimé.

Je vous ai dit que je ne me proposais pas
d'en présenter l'historique, et de faire passer
sous vos yeux la revue des sociétés qui ont
survécu. Je dois pourtant vous en citer quelques exemples.. On a fait grand bruit, et
avec raison, du magnifique succès d'une association formée en Angleterre sous le nom
des *Equitables pionniers de Rochdale.* Quoi-
qu'il s'agisse là d'un succès exceptionnel, il
me suffira d'en rappeler quelques traits pour
montrer ce qu'il peut y avoir d'énergie féconde dans le principe d'association. Peut-
être vous aura-t-on dit déjà que l'association
de Rochdale a été fondée en 1855, pendant
un rigoureux hiver, par quelques pauvres
tisserands, presque sans pain, qui eurent

infiniment de peine à réaliser un capital de sept cents francs. Elle fut originairement, et elle reste encore essentiellement une société de consommation et de vente au détail. Mais ses succès, à ce titre, devaient en faire, plus tard aussi, une société pour produire. Comme société de vente au détail et au comptant, elle se borna assez longtemps à la vente pour les ouvriers, de quelques denrées usuelles : un peu de farine, de beurre, de sel, etc. Cela se vendait, tous les samedis soir, au fond d'une boutique, ou plutôt d'une sorte de trou noir, éclairé par un bout de chandelle. Les frais étaient faits par une cotisation de 31 cent. par semaine pour chaque associé. A force d'économie, de loyauté dans la vente et dans la qualité de la marchandise, on réussit assez pour la vente quotidienne en 1851, pour soulever la jalousie des détaillants qui se liguèrent. En vain ils vendirent au-dessous du cours, ils ne réussirent pas à arrêter l'association, qui en arriva à multiplier peu à peu les entreprises. A côté du magasin agrandi, s'établirent des boutiques dans les différentes parties de la ville. Elles n'étaient plus destinées seulement à des ven-

tes d'épiceries, mais à la boucherie, à la
chaussure, au vêtement, à la draperie, à la
lingerie. On fonda une bibliothèque, on éta-
blit des lectures, on créa même un enseigne-
ment professionnel. Voilà ce qu'avaient pro-
duit les 31 centimes hebdomadaires, grâce
au concours d'hommes de choix, très-sévères
eux-mêmes sur les adjonctions nouvelles, et
grâce à des combinaisons ingénieuses que
je ne saurais toutes analyser ici ; on l'a fait
maintes fois, et ceux d'entre vous qui aiment
à lire et à s'instruire en trouveront le détail
dans plus d'un ouvrage consacré à l'association ouvrière. Une de ces combinaisons con-
sistait à donner une part aux bénéfices, proportionnelle aux achats de chacun des associés, dont le chiffre atteignit 4,000 au bout
de peu d'années. En voie de succès, l'association passa du commerce à la fabrication,
par une sorte de pente naturelle, à l'imitation d'ailleurs d'autres sociétés ouvrières flo-
rissantes, également en Angleterre, comme
celles de Leeds. La farine étant une des
denrées les plus demandées, on se trouva
amené à construire des moulins à blé, puis
des boulangeries.

Le chiffre des ventes, Messieurs, est devenu considérable. Le moulin de Rochdale, pendant le trimestre finissant le 17 juin 1865, avait fait pour environ 700,000 fr. d'affaires. Une filature a été fondée aussi. Elle a traversé, non d'ailleurs, sans de rudes épreuves, la crise de la guerre d'Amérique. En 1863, la filature et le moulin faisaient ensemble pour 6 millions 500 mille francs d'affaires. Quant à l'association de Leeds, que je viens aussi de vous nommer, partie de commencements moins humbles que celle de Rochdale, mais bien modestes aussi, en 1848, elle a vu en dix années, le nombre de 15 associés porté à 3,000 membres ; elle a vendu pour 1 million 500,000 francs de farine, et réalisé un bénéfice de 62,000 francs, avec un capital engagé de 250,000 francs. Voilà de beaux chiffres, et que de détails intéressants j'abrége ou je retranche !

En Angleterre, Messieurs, les sociétés de production, quoique beaucoup moins nombreuses que les associations de consommation, ne manquent pas pourtant. On peut citer : à Londres, des associations de forgerons, de facteurs de pianos, de doreurs, de cordonniers, d'ébénistes ; à Manchester, des so-

3.

ciétés de tailleurs, de chapeliers, de cordonniers, de tisserands en coton ; à Birstall,
près de Leeds et à Liverpool, les tailleurs ;
à Belmont, les fabricants de bougies ; à
Wolverhampton, les serruriers, etc. Cette
nomenclature est loin d'être complète ; elle
suffit à nous montrer que chez nos voisins,
les sociétés en vue de produire ont pris un
certain développement.

En France, où nous sommes beaucoup
moins avancés que les Anglais pour les sociétés de consommation, beaucoup moins
que les Allemands pour les sociétés de crédit mutuel, nos ouvriers ont paru se porter
avec une prédilection marquée vers les associations de production dont je vous parle en
ce moment. Cela tient en partie aux difficultés qui se sont élevées entre le capital et
le travail, et qui ont été envenimées outre
mesure. Dans mon opinion, qui est partagée
par la plupart des économistes, les associations de production sont celles qui rencon-
trent le plus d'obstacles par le fait de la nature des choses. Aussi engagerai-je les ouvriers à ne pas se porter exclusivement de
ce côté. Il ne faut pas croire pourtant que le
chiffre des sociétés de production soit jus-

qu'ici extrêmement élevé. Sous toutes les formes l'association des travailleurs est jeune encore. 'D'après une statistique assez récente, on mettait en ligne une quarantaine d'associations privées de production pour Paris et plus de vingt pour les départements. L'association des bijoutiers en doré, fondée à Paris, et première en date, est une des plus importantes. Elle débutait en 1834 avec 200 fr., elle faisait en 1851 pour 130,000 fr. d'affaires par an ; elle n'a pas cessé de se développer depuis lors ; elle a fondé même des succursales. Vous remarquerez que les fondateurs de cette association étaient des hommes , non-seulement au-dessus de la moyenne pour l'instruction , mais très-rigides, et même, il faut le dire, d'un catholicisme sévère. L'année 1848 devait donner une impulsion vive , mais irréfléchie, au mouvement des populations vers l'association ouvrière. Ce mouvement s'était même, vous vous en souvenez, caractérisé par le terme plus général de socialisme. Les associations ouvrières semblèrent alors sortir de dessous les pavés de la révolution de février. Éclosions trop hâtives et trop factices qui n'étaient pas destinées à durer.

3..

Pour de telles œuvres, il faut du calme et
rien ne peut disposer du temps. Cinquante-
six des associations ouvrières, nées presque
toutes du mouvement de février 1848, eurent part aux trois millions votés par l'as-
semblée constituante de cette époque à titre
d'encouragement. La plupart néanmoins vé-
gétèrent; quelques-unes eurent un succès
momentané; aujourd'hui quarante-deux ont
cessé d'exister.

Vous me demanderez peut-être de vous
citer quelques-unes de celles qui subsistent.
Malgré ma résolution de m'en tenir aux règles
générales et aux conseils, je vais chercher à
satisfaire du moins en partie votre curiosité.
Vous y verrez d'ailleurs la preuve que je
ne cherche à faire sortir de ces observations
aucune leçon décourageante. Plusieurs de
ces associations sont véritablement admira-
bles. Parmi elles, je vous citerai l'association
des *menuisiers en fauteuils*, gouvernée par un
gérant unique revêtu d'un pouvoir presque
absolu; il a même donné son nom à cette société, qu'on appelle l'association *Antoine*.
Elle possède un excellent personnel. Elle
présente enfin l'observation scrupuleuse des
règles qui établissent des rémunérations

inégales pour des services inégaux. Cette association débuta avec un capital social de 504 fr. 20 c., dont 369 fr. en outils et 153 fr. 20 c. en argent. Or, elle possédait en 1857 un établissement d'une valeur de 400,000 fr.; elle avait même perçu un bénéfice de 110,000 fr. pour les dix premières années. A la même date, l'association des menuisiers en fauteuils comptait 68 associés, dont 8 en nom collectif, 60 en participation et plus de 100 auxiliaires. On doit accorder les mêmes éloges à l'*Association des ouvriers en limes*, qui a commencé avec 14 ouvriers et un capital de 2,280 fr. en matériel, et à peu près 500 fr. en argent. Au bout de peu d'années, elle comptait 34 ouvriers, dont la moitié en nom collectif, l'autre moitié en auxiliaires, et faisant 80,000 fr. d'affaires par an. Je signalerai de même l'association des *ouvriers imprimeurs* qui, au nombre de quinze, acquirent le fonds de la maison Renouard où ils travaillaient depuis des années, et prirent le brevet de leur ancien patron. Une subvention de 80,000 fr. les aida à en payer le prix, qui était de 90,000 fr. Cette florissante entreprise est une preuve que l'association ouvrière peut vivre et pros-

pérer. Au reste, ces ouvriers typographes se
montrèrent fort peu enclins tout d'abord aux
idées utopistes; ils déclarèrent dans un langage très-*propriétaire*, comme on eût dit en
1848, que leur but était de *travailler pour
produire et d'épargner pour avoir.* Leur projet de statuts portait que le gérant possède
tous les pouvoirs du patron.

La grande association des *maçons*, également fondée en 1848, sans aucun capital,
est à la tête maintenant d'un capital de
250,000 fr.

Les *ferblantiers-lampistes* ont réalisé un
des succès les plus honorables dont puisse
se recommander l'association ouvrière, et
cela à force d'économie et de travail. Leur
association a traversé les plus difficiles
épreuves et supporté courageusement les
plus dures privations. La société ne comptait que 14 ouvriers en juillet 1849; elle en
comptait 45 il y a trois ans, avec un actif à
reporter qui s'élevait à 74,000 fr. Les *ouvriers en pianos* offrent une expérience non
moins remarquable. Chez eux, le travail est
payé aux pièces. C'est une garantie de plus
de zèle et d'activité. Il y a en outre une part
proportionnelle au bénéfice, réglée par tête

et qui, à une époque encore peu éloignée, avait représenté 1 fr. en sus par journée de dix heures. C'est avec une vive sympathie qu'on suit les péripéties par lesquelles a dû passer l'association, bien modeste d'abord, des *tourneurs en chaises*. Réduits à un état voisin de la misère, ils ne demandèrent rien pourtant sur le fonds de 3 millions. *Nous avons voulu*, disent-ils, *ne devoir rien à personne, et rester libres*. Un tel sentiment, courageusement soutenu par une lutte de tous les jours, porta bonheur à l'association. Elle s'accrût d'année en année, et, à mesure qu'elle se développa, elle redoubla de surveillance morale sur ses membres: Ce caractère de moralité qui exclut ou punit tout acte contraire non-seulement à la loyauté la plus scrupuleuse, mais à la tempérance, à la dignité des mœurs au dehors, à la décence des propos dans l'atelier, est extrêmement remarquable dans plusieurs de ces associations ouvrières. Il atteste le sérieux de ce mouvement. Toute réforme efficace, retenez ceci, a besoin de commencer par la réforme intérieure, je veux dire morale, de ceux qui l'accomplissent. C'est en se rendant digne d'une forme aussi difficile à mettre en pra-

tique avec succès qu'on réussira pour une certaine part à l'implanter dans le travail.

Il est temps de finir et de tirer quelques
conclusions. Elles porteront toutes sur la
nécessité de maintenir, au milieu des développements que l'association est appelée à
prendre, le principe de liberté et d'indépendance individuelle.

Les meilleures choses ont leur écueil. La
tendance qu'a trop souvent manifestée l'association, c'est d'opprimer l'individu. Les corporations du moyen âge, qui ont subsisté
jusqu'à la Révolution française, avaient à
un degré extrême cet effet qui n'a pas été
seulement remarqué, au surplus, dans les
associations industrielles. Les associations
religieuses, les associations politiques, surtout lorsqu'elles revêtaient la forme de sociétés secrètes, ont présenté trop souvent le
même caractère. L'individu qui y entrait ne
s'appartenait plus. Engagé par des serments
terribles, étroitement surveillé par ses coassociés, objet de leurs vengeances implacables
s'il montrait quelque faiblesse, il n'était plus
qu'un instrument passif entre les mains d'une
association mystérieuse. Qui pourrait dire
que le compagnonnage, dont il serait in-

juste de contester les services, du moins
dans le passé, n'a pas été la cause de plus
d'une oppression, quand ce ne serait que
par le point d'honneur qui engageait les
individus des deux sociétés rivales, les *gavots*
et les *dévorants*, à se courir sus les uns aux
autres? Combien de fois les coalitions,
dont l'économie politique a revendiqué la
liberté comme un droit, tout en sachant les
dangers que l'abus en peut présenter, n'ont-
elles pas abouti à exercer des pressions irré-
sistibles sur les individus? Au moment où
je vous parle, nous en recevons par les jour-
naux une nouvelle et terrible preuve qui dé-
passe tout ce qu'on avait vu en ce genre. Je
vous ai parlé de l'Angleterre comme du pays
de l'association, et c'est un honneur qu'on
ne saurait lui refuser. Sur cette terre de liberté individuelle, l'association, sous toutes
les formes et se proposant tous les buts, fleu-
rit comme dans cette autre terre de liberté,
les Etats-Unis. Pour la race anglo-saxonne,
tout est matière d'association. Eh bien! le
croirait-on? Dans ce pays où l'association et
la liberté sont habituées à faire bon ménage
ensemble, il vient de se passer un fait auquel on serait tenté de refuser toute créance,

si malheureusement une solennelle enquête
et une publicité aujourd'hui européenne ne
lui donnaient un retentissement extraordi-
naire. Je veux parler des ouvriers de Sheffield
appartenant à l'association nommée *Trade-
Union*, qui compte plus de soixante mille
membres dans le royaume et qui a pour but
principal d'alimenter les coalitions. Pour ne
pas s'être montrés assez dociles, des ouvriers
ont été exposés à la mort ou affreusement
mutilés par des mains inconnues. Le nombre
de ces exécutions est assez grand et le détail
en fait frémir.

Certes, Messieurs, l'humanité française,
la générosité des travailleurs français, éloigne
l'idée que de pareilles horreurs puissent être
contagieuses chez nous. Mais voyez à quels
entraînements on peut se laisser aller, lorsqu'on aliène sa liberté devant un pouvoir oc-
culte, émanât-il d'une association en faveur
des ouvriers.

Je dois le dire à l'honneur de la classe
ouvrière : les craintes qu'on avait pu con-
cevoir un moment qu'elle rêvât des formes
d'association contraires à la liberté individuelle se sont en très-grande partie dissi-
pées.

A quelques exceptions près, la classe ouvrière ne demande pas à l'Etat d'intervenir par la force dans les relations du capital et du travail. Elle ne réclame ni des travaux à volonté et inépuisables, ni des salaires fixés par l'autorité, ni le rétablissement de corporations, ni des organisations d'ateliers sociaux en permanence, ayant pour but de tenir en échec et d'absorber finalement tous les établissements privés. Elle répudie avec horreur le rêve du communisme qui n'est que la dernière formule de l'association forcée, étendue sans mesure et sans limite à toutes choses et à tous les membres de la société. La classe ouvrière ne veut pas davantage de taxe des pauvres, de système fondé sur l'aumône : sans doute elle accepte avec reconnaissance l'assistance réservée aux cas de nécessité ; mais elle entend bien ne devoir qu'au fruit de son travail ses conditions de bien-être et ses progrès. Voilà la pensée qui l'inspire. Je vous dirai donc, croyant ne faire que la traduire avec plus d'énergie : « Persistez dans ces sentiments, développez-les encore, faites-en l'âme de votre conduite. Prenez, quand vous avez le choix, ce qui n'arrive pas toujours, il s'en faut, le salaire

ou l'association. Mais que ce choix soit réfléchi, et si les circonstances ou des conditions favorables vous poussent vers l'association, évitez avant tout d'aliéner votre liberté. »

FIN.

Imp. L. Toinon et Cᵉ, à Saint-Germain.

www.ingramcontent.com/pod-product-compliance
Lightning Source LLC
Chambersburg PA
CBHW060739280326
41934CB00010B/2288